马克思研究丛书之九

马克思的国家发展过程

（德）亨利希·库诺 著
朱应祺 朱应会 译

中央编译出版社
CCTP
Central Compilation & Translation Press

图书在版编目 (CIP) 数据

马克思的国家发展过程 / (德) 亨利希 · 库诺著；朱应祺，朱应会译 . -- 北京：中央编译出版社，2022.5

（马克思研究丛书）

ISBN 978-7-5117-4037-3

I. ①马… II. ①亨… ②朱… ③朱… III. ①马克思主义—国家理论—理论研究 IV. ① A811.64

中国版本图书馆 CIP 数据核字（2021）第 225644 号

马克思的国家发展过程

责任编辑 张 科
责任印制 刘 慧
出版发行 中央编译出版社
地　　址 北京市海淀区北四环西路 69 号（100080）
电　　话 （010）55627391（总编室）　（010）55627362（编辑室）
（010）55627320（发行部）　（010）55627377（新技术部）
经　　销 全国新华书店
印　　刷 北京文昌阁彩色印刷有限责任公司
开　　本 710 毫米 ×1000 毫米 1/16
字　　数 40 千字
印　　张 7.75
版　　次 2022 年 5 月第 1 版
印　　次 2022 年 5 月第 1 次印刷
定　　价 2888.00 元（全 9 册）

新浪微博： @ 中央编译出版社　　**微　　信：** 中央编译出版社（ID：cctphome）
淘宝店铺： 中央编译出版社直销店（http://shop108367160.taobao.com）（010）55627331

本社常年法律顾问：北京市吴栾赵阎律师事务所律师　闫军　梁勤
凡有印装质量问题，本社负责调换，电话：（010）55626985

馬克斯研究叢書之九

馬克斯
國家發展過程

朱應祺
朱應會
合譯

上海
泰東圖書局
一九三〇

馬克斯的國家發展過程

德國柯諾著

朱應祺
朱應會
合譯

上海泰東圖書局印行

定價大洋四角五分
版權所有不許翻印
印數一至一五〇〇册
一九三〇年四月出版

馬克斯的國家發展過程總目錄

馬克斯的國家發展過程細目錄

第一章　原始社會形態的家族理論

據馬克斯（Karl Marx）的見解國家民族階級等都是比較後來發生的形成物——所謂「有機的」社會學說——黑智爾（Hegel）的見解——家族的擴大和分化——從家族的擴大和分化所發生的部族國民及市民社會——馬克斯的見解——「資本論」第三版上面恩格斯的脚註——馬克斯的見解和黑智爾的見解之差異——原始社會形態的構成馬克斯和黑智爾的想像完全相反——馬克斯和黑智爾的重要差異點——摩爾根（Morgan）的「古代社會」對於馬克斯的影響

第二章　原始的遊牧羣

馬克斯和恩格斯的社會學說上所表現的社會原始形態是從家族轉變的羣居——太古時代人類並非孤立的實是羣居的——遊牧羣的遊牧和狩獵的區域——澳大利亞地方遊牧羣的活動狀態；——最初無論那一種遊牧羣的遠征計畫都是被氣候和食物所引誘的——起初任何遊牧羣都是獨立的——據恩格斯說社會是從這種遊牧羣的共同團體而逐漸發展的

第三章　從遊牧羣變遷到地域共同團體（Markgenossenschaft）

遊牧羣固定住居某區域後在長期間的發展過程中就發生村落共同團體——從遊牧生活改變爲農耕生活不一定要固定居住反之固定住所後倒可以把遊牧生活改變爲農耕生活——實例——馬克斯和恩格斯專門研究了卯勒（G. Ludwig

von Maur r）及漢森（G. Hansen）等關於村落團體和地域團體的有名著作——馬克斯和恩格斯雖然讀了摩爾根的各種著作但他們並沒有從這些著作中獲得研究原始共同團體形態及經濟形態的機會——恩格斯的「家族私有財產及國家的起源」中尙且把他自己認定的北美印度人的文化原型如易洛魁人（Irokesen）卽北美印度人）的村落組織和經濟組織的詳細報告脫落了——馬克斯的經濟史也完全是從地域團體起首的——但我們切不可責備馬克斯和恩格斯沒有說及比地域團體更古的經濟形態——一個問題的提出

第四章　恩格斯的地域體團概念

馬克斯一八六八年才讀了卯勒（Maurer）的地域團體制度

村落制度及都市制度諸著作——卯勒的著作影響於馬克思的思想極其深刻——恩格斯研究卯勒的著作以後才創作『地域團體論』(Mark)——恩格斯在他的『家族，私有財產，及國家的起源』上說明地域團體組織還是固執卯勒的見解——其後他受了科瓦勒勿斯基(M. kovalevskg)的影響遂把卯勒的見解漸漸地棄却了——從『家族，私有財產，及國家的起源』第四版引用一段——恩格斯一半變了古時梅則爾(Mesei)的見解——恩格斯懷疑於定住問題原是由於他的研究不充分——一般的說來完全不飼養家畜或只飼養些須家畜而且專以土地耕作爲生活的部族他們的定住形式常成村落狀態——第一實例：西班牙人——第二實例：永卡斯

人——第三實例：古代祕魯人——本質上不同的他種定住形態——多少還在遊牧經濟狀態的部族他們的定住地方不是跟着村落組織反是跟着父族制的氏族經濟——歐洲的二種定住方法

第五章　地域團體部族及部族同盟

地域團體的發展過程——各種民族在一定情形之下必須服從部族結合體的決議及遵守他的法律——地域團體的組織是部族組織的一小部分從部族進化卽是國家的成立——部族同盟——阿茲忒克人同盟（Aztekenbund）——阿茲忒克人同盟和易洛魁人同盟克里克人（Creeks or Kreeks）同盟——永卡斯諸部族（Yunkastämme）和印加帝國

第六章　日耳曼人的國家建設
部族會議，部族集合，及部族結合體——恩格斯在他的『家族，私有財產，及國家的起源』上面所發表的意見——國家的建設——德意志民族建設國家以前的發展過程——小日耳曼諸國家已於民族遷徙時代在征服的基礎上面發生建設的頭緒了——恩格斯所謂『國家建立於氏族制度廢墟上面的三種主要形態』——原始的國家建設任何地方都是以征服爲基礎

附錄
恩格斯原著『地域團體』(Mark)

馬克斯的國家發展過程

——國家成立以前社會生活和共同狀態生活的發展階段

第一章　原始社會形態的家族理論

據馬克斯（Karl marx）的見解，國家，民族，階級，等都是比較後來發生的形成物——所謂『有機的』社會學說——黑智爾（Hegel）的見解——家族的擴大和分化——從家族的擴大和分化所發生的部族，國民，及市民社會——馬克斯的見解——『資本論』第三版上面恩格斯（F. Engls）的脚註——馬克斯的見解和黑智爾的見解之差異——關于

原始社會形態的構成，馬克斯和黑智爾的想像完全相反

——馬克斯和黑智爾的重要差異點　摩爾根(Morgan)的「古代社會」對于馬克斯的影響

據馬克斯說：國家，民族，階級等，都是比較後來發生的形成物。社會發展的種種階段上，國家，民族，階級，等未發生以前，還有他種較古的形成物。這些古代形成物的一部分，例如家族，在今日，還是在某種形態之下，存于有產階級社會裏面。他一部分，例如血族團體，(Geschlechts genossenschaft)〔符號(Totem)共同狀態，(譯註一)羅馬的氏族(Gens)日耳曼的氏族，(Sippe)〕和部族等，都是向較高的形成物方面，不斷的變化發展。

(譯註一)符號共同狀態Totem是原始人把某種自然物，尤其

動植物，做種族的共同崇拜符號，而結合的團體。

從前的社會學說，考察社會生活的起源時，多半是以離羣索居的孤立人類，或一對一對的夫婦爲前提；以爲：社會的發生，是先有各組夫婦，而後互相結合，制定一種規則，實行共同生活。到了所謂『有機的』社會學說，所假定的社會，比較從前，就更進一步了。即『有機的』社會學說，不把社會看做是發生於各組夫婦的集合，反把牠當做是從家族的擴大和分化所發生的。換言之：『有機的』社會學說承認：各家族漸次的發展，即成爲血族，部族，再事發展，即成爲國民；那國民服從一種政治組織（即統制組織和統治）之後，就成爲政治的社會，或國家了。這種見解，雖然把家族誤認了爲社會的『原始形態』，但牠把循序漸進的社會形成物，互相區別，而且認定國家是比較發生較遲的特殊社會形態，即稍爲進步的「政治的」社會。這種社會的基礎，和立于原始家族關係上的古代社會，自然不同。從前，許多人，以爲：所謂『原始家族』，就是父權支配的個別家族；但有些理論家，觀察了舊約全書上面描寫東洋式父族制度的家族形態，又知道了在半開化的民族社會，大概是一夫多妻的制度；因此，他們就斷定父族制的大家族，即所謂「家族部族」，就是社會和國家的固有原型了。

黑智爾在一定範圍內，也倡導社會是從家族漸次發展的學說。他發見小家族裏面，已有國家生活的特徵。個人在家族裏面，並非孤立的，實是家族全體的一部分。因爲，家族的目的，不單只圖滿足性慾，生育繼傳；實于性慾關係外，另有意義。家族是法律的，道德的人類統一體，又是有一定所有或財產（家族財產）的經濟共同狀態。黑智爾在他的「法律哲學」第一七〇節說：

「表現于個人特殊欲望的，抽象的，所有權上面的放縱要素，和利已心，如果在家庭裏面，就會變爲共同物的管理和獲得的行爲；卽變爲道德的行爲了。」

但是，家族一天一天的發展，他的新生的子孫，當然日漸增多。新生的子孫，雖說他的發源和血統，與原始家族，有連帶關係；但還是和原始家族，分離而獨立的。于是，家族的數目，漸次增加，家族互相結合，就成爲部族和民族了。他方，個別家族的本身，也自己分化起來，那些家族的自然欲望，逐漸增加，而牠們的構成員，也就獨立起來。如是，這些構成員（如黑智爾所說）就脫離家族結合的範圍，而和其他家族構成員，連結互相關係，以滿足他們的欲望。他們互相結合，而成『一種比較發達進步的集合統一體』。這就是社會的發生。因爲，無論何種社會，牠的最重要的內容，大概是：『多數個人的欲望和滿足欲望，都是以交互的勞動或互相勞動爲媒介的。』

因此，一方，從家族的擴大和分化，發生部族和民族；他方，因欲望滿足的結合，就發生市民的社會。黑智爾在他的『法律哲學』第一八一節說過了。如今把它錄下：

『家族的原形，漸次變化擴大：一部分，自然的漸次變爲國民，卽變爲有共同狀態的自然起源的民族；又一部分則或依支配的強力，或依自由意志，而變爲多數家族共同團體所結合的社會，這種社會有他的團體欲望和滿足欲望的聯合的交互作用。」

馬克斯青年時代，頗羨慕黑智爾哲學。因此，他的見解，也和黑智爾相同。他也主張：家族——他最初，也以爲：家族就是父權制的個別家族。——是一種起源形態，依新構成員的增加和生產，就變成部族和民族。例如，他在『資本論』第一卷（第四版第三一六頁，民衆版第二九八頁）上面說：部族，不外是家族的血族擴大。現在把原文抄錄如次：

『一家族，更進一步，一部族的內部，因男女和年齡的差異，或因純生理上的差異，那自然的分業(Eine naturwüchsige Teilung der Arbeit)就發生起來了。』

再則，馬克斯在他的『經濟學批評』斷片草稿上面（參照：『現代』雜誌(Neue Zeit)，或譯爲『新時代』，第二十一年度，第一卷，第七二頁）也有同稱的見解，他說：

『我們越發追溯歷史，越覺得：個人，或從事生產的個人，並非獨立的，實是一種大總和體的附屬品。最初，完全在自然方法上，附屬家族，和發展後成爲部族的家族；到了後來，又附屬于各部族的對立，和由融合而發生的種種共同團體了。』

馬克斯的見解，直到他的『資本論』第一版（一八六七年）和第二版（一八七三年）出版以後，還是和上述同樣。這是恩格斯(Friedrich Engels)所承認的。恩格斯于上述『資本論』中，所記的一段後面，在第三版付印時，加入下記的脚註：

『著者（指馬克斯）從根本上，研究人類原始狀態之後，就得了以下的結論：——原來，部族，並非由家族發展擴大而來的；反之，部族，到是以血族爲基礎的人類社會原始形態。因此，那部族的結合解體後，種種不同的家族形態，才漸次發展起來。』

馬克斯最初，和黑智爾意見相同，但不久就比他更進一步，承認：父權制的個別家族，老早變了父族制的大家族，而父族制的大家族，又有種種發展，而變爲種種形態。黑智爾也許知道聖書上所說的塞姆的（Semisch）父族制大家族，和羅馬的古家族。但他把這些家族形態，只看做是原始家族的擴大，並沒有特別注意這些形態，就是歷史發展的產物，反之，馬克斯研究愛爾蘭和印度的經濟狀態，遇着那地方的家族共同狀態時，偶然發見了過去家族發展的互相繼起的形態。他認定：在家族發展過程中，有種種歷史的家族形態，和種種經濟形態，互相對應，發生起來。因此，現代資本主義社會的家族，也決不是自然的，實是從他種家族形態發展而來的；而且遲早又會有他種形態出來代替牠的位置的。一句話說來：現代資本主義社會的家族，是一種發展的產物。因此，『資本論』第一卷（第四版，第四五五頁；民衆版，第四三一頁）裏面，又有下記的一段：

『資本制度內部，舊式家族制度的瓦解，無論怎樣可怕，怎樣討厭，但大工業，在家庭範圍外的社會生產過程內部，以極重大的使命，授與婦人，青年男女，及幼童等；因此，替家族和兩性關係的較高形態，作出新經濟基礎來了。如果把基督的日耳曼的家族形態(Aie Christlich Germanische Form der Famiie)看做是絕對的，那末，就和把羅馬古時的，希臘古時的，或東洋的家族形態——這些家族形態，又是互相形成一種歷史發展系列的——看做是絕對的，同一愚行了。」

馬克斯所意想的原始社會形態的構成，和黑智爾的，完全相反。據馬克斯的見解，各種個別家族，及從個別家族所發生的各種家族共同狀態之中，必發生分業和欲望的增加；于是，這些集團，就互相交換他們的生產物，而締結經濟的交互關係；從這種關係，又漸次發生一般的互相結合。例如，『資本論』（第一卷，第四版，第三一六頁；民衆版，第二九八頁）裏面，有一段說：

「他方，在各種家族部族及共同團體等相接觸的地方，就發生生產物的交換，前已說過了。因爲，在文化初期，並非私人的互相對立，乃是各種家族及部族各自獨立的互相對立。各種共同團體，都能够在他們自己的自然環境裏面，發見各種生產手段，和各種生活資料。因此，他們的生產方法，生活樣式，及生產物等，也因共同團體不同，而有差異。這種自然發生的差異，就是使各種共同團體，互相接觸時，能够交換各團體的生產物，而且是漸次把生產物，轉變爲商品的原因。交換行爲，不唯造出各生產部門的差異，而且使各種不同的生產部門，互相聯絡。因此，又使各生產部門，轉變爲社會總生產中，多少互相依賴的各種部門。」

依此，黑智爾和馬克斯的差異如下：——黑智爾認定：交換，最初是個人間的行爲，故而交換關係，也是個人的；反之，馬克斯則以爲：交換，最初是各種家族及家族團體，互相接觸，而發生的行爲。我們只要把剛才的引用文一看，就可知道：馬克斯的主張，是以人種學上正當的見解爲根據，而發揮的。

一八七八或一八七九年前，馬克斯的社會發展原形態——家族——的理論，都是這樣的。但，其後，讀了美國人種學者摩爾根（Lewis Henry Morgan, 1818—1818）的研究「從古代社會，或由野蠻時代，一直經過半開化時代，到文明時代的，人類進步的研究」之後；馬克斯的見解，就大大的改變了。摩爾根的著作，與馬克斯以很大的影響，因此，馬克斯對于他的宏博的著作上，加以註解和批評，又想把摩爾根研究的結果，和自己的研究相串通結合而發表一種特別的著作。但他晚年，因病魔纏擾，就把這計畫拋棄了。他的原稿，大部分都在他的女兒羅刺．拉樊爾古(Lora Lafargue)夫人手中。她死後，又到了李雅諾札諾夫(N. Lianozanoff)手中。他從巴黎歸後，給我看過。恩格斯利用這原稿，在他的『家族，私有財產，及國家的起源內，』說明摩爾根的研究。（參照拙譯恩格斯原著『家族，私有財產、及國家的起源』泰東版，譯者註。）至于恩格斯在他的著作中，把馬克斯的原意，是否完全寫出？或他自己參加了多少議論？因爲那原稿不在我手中，不能斷定。總之，恩格斯這本書，實是他一個人的精神產物。恩格斯在各種重要問題上，還是和馬克斯意見一致。他這本書出版不久，就到了十九版，我們研究這本書，就是研究馬克斯學說一樣。因此，我以下的說明，都是以恩格斯的意見為基礎的。

第二章　原始的遊牧羣

馬克斯和恩格斯底社會學說上所表現的社會原始形態是從家族轉變的·羣居——太古時代人類並非孤立的實是羣居的——遊牧羣的遊牧和狩獵的區域——澳大利亞地方遊牧羣活動狀態——最初無論那一種遊牧羣的遠征計畫都是被氣候和食物所引誘的——起初，任何遊牧羣都是獨立的——據恩格斯說：社會是從這種遊牧羣的共同團體而逐漸發展的。

馬克斯和恩格斯讀了摩爾根的著作之後，他們的社會學說上，所表現的社會原始形態，就不是家族，而是羣居了。（但恩格斯往往把羣居，誤叫爲部族）。今日澳大利亞地方的遊牧羣，雖比他原始時代的狀態，略有進步，但還是表現一種原始共同團體的原型。例如，在新荷蘭（New Holland）地方，土地貧瘠，人口稀少，這種遊牧羣發見當時，團居的人口，男女共計不過二十五人至四十人。那略爲進化的地方，至多也不過四十人至六十人。但在那河海之區，魚產豐富，地味膏腴，雨水較多的地方，遊牧羣的構成員，就增加起來了。我們又在其他文化較低的原始民族遊牧羣中，也可以發見同樣的事實。例如，呂宋（Luzon）島黑奴系統的原住民伊達斯(Ethas)羣，只有三十人至五十人；南阿非利加的布西門(Bushmen)族只有五十人至八十人；他方，在自然條件最佳的地方，如巴西（Brazie）的波托庫多（Botocudos）族，就往往有百人乃至百人以上的構成員。我們根據這種標準來考察，馬上就可斷定：這發展階段以前，遊牧羣的組織，必定比這時代還要更小。甚至只有一二十八也未可知。

恩格斯說：『「太古時代，人類是孤立獨處，或是夫婦獨立生活」的見解，都不外是一種無稽之論。』例如，和人類相似的黑猩猩大猩猩（Gorilla）等，都是成小羣聚居（Rudeb），那麼人類在太古時代，也想必和這些動物相同了。把冲積期的發見物來考察一下，就可以證明這樁事實。因爲在最古冲積地層的發見地，所發見的石器和死動物的遺骨，決不是個個分離，散在各處，反是重重疊疊，聚在一塊的。這明明是證明：太古時代，多數人類，羣棲一處而生活的了。而且發見地後方的巢穴，和休息所，是和發見地同一現象。

也有各種人類的骸骨和無數的人類頭蓋骨，堆在一處。這又可以證明：太古時代，就有共同埋葬，或共同祭祀的事實了。

任何遊牧羣，都有一定的遊牧和狩獵區域。甲遊牧羣的區域，由甲遊牧羣自己管理，甲遊牧羣之外，不許任何羣侵入。但抵禦外敵，則不在此例。遊牧羣隨着獲物，時期，及天氣等的變遷關係，不時在該區域，選擇休息所，到處移居。有許多遊牧羣，他們不是全體一致的移動，反組織幾個小別動隊，四面八方的飄流，然後再集合于一定的休息所。因爲他們在遊牧期內，凡男子都有從事狩獵的習慣。

例如在澳大利亞地方，全遊牧羣，一齊出外的事很少。婦人和小孩及老人們，把路上的球莖果實，草，木，昆虫等，可作食物的東西，一面拾着，放入袋內，一面緩緩的前進。他方，年輕的男子們，用鎗，棍，棒，石，槌，射擲武器（Bumerang）等，武裝起來，到遠地狩獵猛獸。但是，狩獵區域的規定，當然不是原始的產物，乃是比較長期間的發展產物。狩獵區域的發生，是某遊牧羣的人員，增加之後，在遊牧中，往往竄食他遊牧羣的領域，和他羣衝突的結果，而起的。任何遊牧羣，都有他的區域，就是這個道理。

最初的遊牧羣，並沒有考慮什麽區域界限，只向有食物和天氣溫暖的地方，盲目的爭逐。即在今日，還有遊牧羣間互相侵略的行爲。楚第（Johann Jakob von Tschudi, 1818-1889 瑞士的博物學者，言語學者，旅行家，外交官——譯者註。）在他的『南阿非利加旅行記』（第二卷第二八〇頁）裏面，關于波托庫多人的記事，也可以適用于澳大利亞人非伊愛蘭（Foyerland）人伊達斯人等。他說：

「遊牧羣如果不能獲得充分的狩獵物，就必定擴大他的狩獵爭逐。因此，就必須侵略其他遊牧羣的區域。而這些遊牧羣，又必須防禦外侮，侵犯他們的狩獵地域。于是，就發生爲生存的鬥爭。這鬥爭往往有擴大範圍，極其激烈的。」

我還想附加一句話：在澳大利亞地方，語言相差不遠的黑人遊牧羣間，因爲交通的增加，和友誼同盟的締結，故而少有故意侵略他人領域之事，這是硏究所得的結果。

最初的遊牧羣，都是完全獨立的。澳大利亞地方，發見當時許多的遊牧羣，還是完全獨立的團體，不過和隣近的遊牧羣，保持通常友誼關係，而且共同舉行成年式和宗教跳舞會。即在今日，澳大利亞的遊牧羣中，還有許多沒有酋長的；間或有一二人做指揮者，但也決不是受羣衆擁戴，而占有特別位置的。只要在構成員中，受相當尊敬的老人，誰都可以指揮。至于互相往來，友誼親密的諸遊牧羣，並沒有一種強固的部族組織，受酋長支配的制度，各遊牧羣間，過着有事之秋，他們的指揮者和有知識的老人，就集會一處，討論共同動作，這就是他們的最高統制形態。

據恩格斯說：社會，從這種遊牧羣共同團體，逐漸發展，並非從以後發生的父權制個別家族，逐漸發展的。遊牧羣在閉關自守，沒有和其他諸羣，通往來，交干戈的時候，遊牧羣構成員的互相關係，總不能出乎他們自己團體範圍之外。所以他們共同團體的範圍，還是和社會範圍一致。但是，到了一遊牧羣其他遊牧羣，或一羣的構成員和他羣的構成員，互相接觸之後，上述情形，馬上就變更了。例如，原始的交換或交通發達之後，甲羣的女子，可以嫁於乙羣；或各羣間締結狩獵協定及友誼同盟；又或甲羣把乙羣趕散，和乙羣爭武器，皮革，裝飾品，婦人等的所有權等。這又和上述的情形，全然不同，因爲戰爭掠奪，也是屬於維持生計，而且又發生所謂社會交互關係，和那閉關自守時，當然是不可『同日而語』了。因此，極野蠻的澳大利亞土人，也多少和其他遊牧羣，互相交通。例如，通婚姻慶弔，和舉行共同跳舞，狩獵，及戰爭的祭祀等。又有時締結攻守同盟；或在友誼和姻戚關係基礎之上，作出包含三四個或五六個團體堅固的大『同盟』來。此後，遊牧羣一天一天的增加，分化，又因欲望增加的壓迫，各遊牧羣間的交通，愈加擴大，而社會上，社會互相關係，也就愈加複雜。因此，遊牧羣的範圍，就漸次不和社會的範圍一致。到了如今，遊牧羣也和從遊牧羣發生的各種家族團體，符號共同團體（Totem genossenschaft），及血族共同團體（Geschlechts genossenschaft）相同，在社會內部，形成範圍較狹的共同團體了。

第三章　從遊牧羣變遷到地域共同團體(Markgenossenschaft)

遊牧羣固定住居某區域後在長期間的發展過程中就發生村落共同團體——從遊牧生活改變爲農耕生活不一定要固定居住反之固定住所後到可以把遊牧生活改變爲農耕生活——實例——馬克斯和恩格斯專門研究了卯勒(G, Ludwig von maurer）及漢森（G,hansen）等關于村落團體和地域團體的有名著作——馬克斯和恩格斯雖然讀了摩爾根的各種著作但他們並沒有從這些著作中獲得研究原始共同團體形態及經濟形態的機會——恩格斯的『家族，私有財產，及國家的起源』中尙且把他自己認定的北美印度人的文化原型如易洛魁人（Irokesen即北美印度人）的村落組織和經濟組織的詳細報告脫落了——馬克斯的經濟史也完全是從地域團體起首的——但我們切不可責備馬克斯和恩格斯沒有說及比地域團體更古的經濟形態——一個問題的提出。

遊牧羣固定長久的居住于某區域後，在長期間的發展過度中，從這遊牧羣內，又發生所謂村落共同團體來了。從前有人說：遊牧人民，要從遊牧生活，移入農耕生活之後，這種定居，才有可能性。其實，我們到處都可以發見移住于密集，或散在定住地的狩獵民族和漁撈民族。但他們不唯不知道什麼種類的農耕，即他們的植物性的食物，都不過是專門採取野生果實，球莖植物，及草，木等，以爲調理罷了。因此，定住的先決條件，不一定要從遊牧生活，轉變爲農耕生活。反之，從遊牧生活，轉變爲農耕生活的先決條件，到非定住不可。定住的成立，起初，多半是由於婦人種植的生活過程而起的。婦人們在植民地的附近，用棍棒，或鋤頭等，把稍有濕氣的肥沃地土挖開，再把種子播下，任其成熟而起的。因此，白人最初侵入美國的時候，南北美許多部族，還有各種大大的村落，羣居于河或海的傍邊，而不知農耕爲何物。現在亞美利加合衆國地方密士失必（Mississippi）河東的部族，還經營一種農耕。（並非本來的耕耘，乃是舊式的園藝）。白人植民者，在密士失必河西岸，除了西南幾處文化較高的地方以外，沒有發見植物培養。但那處的部族反有完全固定，而且很豐富的定住地。以上所述，尤其適用于從北加利福尼亞（California）的太平洋沿岸，到北方阿拉斯加（Alasca）的部族。這些地方的海和河，川等，都有豐富的魚產物。而這些部族，在發見之先，並不知道什麼園藝和農耕。但是，他們已經定住於有文化的村落了。實際上，那特卡孫德 (Nutka-Sund) 亥達斯 (Haidahs, Königin charlotten-Inselen 女王夏羅德島) 及忒林喜騰 (Tlinkiten, Alexander Archipel und gegenüber-liegende Festlandeskueste 亞歷山大亞淅貝勒島和對岸的大陸海岸）沿岸的諸部族，有許多村落，住民竟達六百人至九百人之多。

馬克斯和恩格斯對於各地最古的居民的種種形態，原始村落共同團體的制度，從原始農耕到耕耘的進步和土地法的進步，及一般最古的發展階段上變化的經濟形態等似乎完全沒有研究過的。因爲他們的著作中，從沒有發見這些現象的理論。他們看見英國人報告

：蘇格蘭（Scoland）威爾斯（Wales）及愛爾蘭（Ireland）地方，還還存有一部分農業共產主義經濟形態的制度，因此，就徹底研究了蘇格蘭及愛爾蘭的古昔氏族制度。一八六八至一八六九年間，他們把卯勒（G, Ludwig von maurer）及罕森（G, Hangen）等，關于日耳曼人古昔的村落團體和地域團體的有名著作，也熱心研究過了。馬克斯『資本論』的註解中，引了許多英國人關于印度及馬來人村落團體的報告和著作。這可見他研究之深了。這些著作中，雖有說及原始所有形態的，但那形態也不過是以後農業的定住形態和經濟形態罷了。

此後，馬克斯和恩格斯，雖然讀了摩爾根關于易洛魁人同盟（Die liga der Irokesen）的著作，及他的『古代社會』，(Ancient society, or

Researches in the Lines of Human Progress from savagery throvgh barbarian, to Cuili-zation by Lewis H, Morgan London Macmillian & co, 1877）然而，他們却並沒有從這些著作中，得到研究原始共同團體形態及經濟形態的機會。這是很奇怪的。因爲，他們在主義上，很有研究原始經濟生活的各種共產特徵的必要。但我們如果參酌當時他們所處的環境，就可以知道他們沒有研究的理由。卽那時候，對于這種研究，尚無徹底的準備；再則，要研究這種材料，又非深通某國語言不可。以此，他們的偉大的政治活動中，尚有這種小小的缺點。

此後，恩格斯的名著：『家族，私有財產，及國家的起源』，（一八八四年第一版）中，尚且把易洛魁人（北美印度人的一派）的村落組織和經濟組織的詳細報告脫落了。（恩格斯把易洛魁人認爲是北美印度人的文化原型。）我們僅知道：易洛魁人栽培玉蜀黍，甜瓜，及其他數種園生植物，並且和古希臘一樣，分爲部族，種族，（Phratrie 即希臘的人民階級，在雅典就是種族中三部類之一——譯者註）及民族。至于他們的親族關係的編制，和他們的定住形態，有什麼關係？各村落的配置如何？親族關係的區分，和領土的組織，結合到什麼程度？村落如何統制？村落在經濟生活上，有什麼地位？例如，易洛魁人的村落，是否同時爲有特殊土地及田地的經濟共同團體？以及土地如何耕作？如何收穫？收穫物如何分配？——總而言之，關于易洛魁人的地域團體的和經濟的組織全體等，我們完全不知道。我們又不知道：易洛魁人的經濟組織，如何會從以前文化較低的組織形態發生出來？又不知道：那經濟組織，變化到所謂經濟團體前後的發展過程中，是如何變化的（註）？——這所謂經濟團體，是西班牙人，在古墨西哥人裏面，發見的『卡爾怕里』，（Calpulli 一種經濟共同團體），或在印加祕魯（Inca-peru）人裏面發見的『馬爾卡馬新廷』。(Marcamasintin 卽 markgenossnschaft地域團體）。

（註）關于古祕魯的Markgenossenschaft可參照柯諾氏著『印加帝國之社會的統制組織，古祕魯之農業共產主義的研究』，但該書中尙缺少中央亞美利加及墨西哥諸民族和奇布察斯（C-hibchas or muyscas（穆伊斯卡斯）——南美印度人的一派——譯者註）的古代農業組織底詳細說明。

馬克斯和恩格斯的經濟史，完全是以古昔地域團體(Mark, genossenschaft）爲起點的。至於地域團體以前，更古的定住形態，和經濟形態，他們差不多沒有說過。馬克斯在『資本論』中，所論日耳曼人克勒特人（Celts or Kelts）或印度人的土地共有時，都把他們當做是地域團體的組織形態。恩格斯也是一樣。他在他的名著：『從空想到科學社會主義的發展』中，也明瞭的附有關於地域（Mark 或境界）團體的附錄。（註）

（註）本書末尾，已把該附錄譯好加上了。　譯者。

或許有人責備馬克斯和恩格斯忘却了地域團體成立以前最古的經濟組織形態。這是不對的。因爲他們在他們生存中，已經貢獻社會很有價值的科學工作。他們在那時代，只能够貢獻這樣工作，如果再要他們貢獻更進步的工作，簡直是不可能的，但是，如果把馬克斯經濟發展的見解的大缺點，置諸腦後，把地域團體發展階段上的共有形態，看做是起原形態，（即不久轉變爲農業的形態，）並且根據這種起原形態，來說明農業共產主義之假設的歷史，——原始民族的經濟生活，決不是農業共產主義，——那就是大錯而特錯了。然而，這種見解，不唯散見於學者的各種著作中，即法國社會民主黨的公開告示上面，也有這種表現。例如考茨基（Karl Kautsky）等的『耶爾福（Erfurt）綱領解說』（一八九二年版第六頁）中有下記一段：

『我們如果能够追溯人類發展的歷史，而加以研究，就可以知道：人類是在各社會內部，互相結合的。這些社會，（如部族，遊牧羣等，）都有原始的決定的生活手段，如土地，獲物，家屋，等，這就是他們的共有財產。這些生產手段的利用，都是只以社會的知識和意志，委托於各個人自己處分，又或只因社會的能力和欲望，委托於各個人自己處分。至於各個人怎樣利用這些生產手段？怎樣的處分他們？都是取決於社會的知識和意志，或社會的能力的大小，和欲望的多寡。任何社會，都爲他自己經營一種閉關的經濟，而生產社會的和社會構成員的一切必要品。」

我並不想批評以上的見解，只想提出一個問題：「我們在什麼地方，能够發見原始自然民族的家屋及其他重要生產手段，（即茅屋，家畜，及勞動器具等，）都是共有財產，而且各個人只能跟着社會（應該說部族，或村落團體）的知識和意志，而利用生產手段的呢」？

這種堂而皇之的原始共產主義的「說明」，恐怕只是一種空中樓閣罷！

第四章　恩格斯的地域團體概念

馬克斯一八六八年才讀了卯勒（Maurer）的地域團體制度村落制度及都市制度諸著作——卯勒的著作影響于馬克斯的思想極其深刻——恩格斯研究卯勒的著作以後才創作『地域團體論』——恩格斯在他的『家族，私有財產，及國家的起源』上說明地域團體組織還是固執卯勒的見解——其後他受了科瓦勒勿斯基（M, Kovalvsky）的影響遂把卯勒的見解漸漸地棄却了——從『家族，私有財產，及國家的起源』第四版引用一段——恩格斯一半變了古時梅則爾（Mesel）的見解——恩格斯懷疑於定住問題原是由于他的研究不充分——一般的說來完全不飼養家畜或只飼養些須家畜而且專以土地耕作爲生活的部族他們的定住形式常成村落狀態——第一實例：西班牙人——第二實例：永卡斯人——第三實例：古代祕魯——本質上不同的他種定住形態——多少還在遊牧經濟狀態的部族他們的定住地方不是跟着村落組織反是跟着父族制的氏族經濟——歐洲的二種定住方法

馬克斯一八六八年，才讀了卯勒的地域團體制度村落制度及都市制度諸著作，還是同年三月十四日，他給恩格斯的信中所報告的。他說：

「在博物館，順便的把卯勒先生最近關于德意志地域團體制度，村落制度等深奧的著作讀了。卯勒氏詳細的說明：土地私有財產，是到後來才發生的。因此，那威斯特發里亞（Westphalia）的華族紈袴子弟們，（指梅則爾 Mesel等）的主張：「德意志人誰也是先有單獨定居，然後才形成村落和州郡的，」完全打破了。德意志有好些地方，還有一種把土地在一定期間，（德意志是每年）再分配的習慣。（這原來是十八九世紀俄國的習慣。）這是很有趣味的事情。我以前提出的見解：「一般亞細亞的，尤其印度的所有權形態，發軔于歐羅巴，」現在又得了一個證明了。（卯勒還不知此事。）這種事實，又可以證明俄國人並沒有獨創任何土地分配的習慣。俄國現在風行的習慣，他的隣國，老早就已經行過了。卯勒先生的著作，（一八五四——一八五六年）眞可說是以德國人的淵博，結晶而成的善本。同時又是北德意志人最容易誦讀的善本。……」

卯勒的著作似乎很感動了馬克斯。因爲馬克斯屢屢說及卯勒的著作，而且稱頌他的事業偉大。

恩格斯也熱心研究卯勒的著作，跟着他的見解，寫了一種小論文叫做「地域團體」，討論「德意志的地域團體制度」的極重要問題。（這小論文載在本書附錄。——譯者）。恩格斯跟着卯勒的見解，認定：日耳曼人的血族團體，或百人團體（其中，恩格斯只完全說中了古時印度人符號共同團體的構成。）的定住，是發生于村落組織以後。因此，他就不和梅則爾（J, Mesel）一樣，承認各個家長，最初是居住于散在各處有住宅的耕地，然後才結合而構成村落。此外，恩格斯對於最古大地域團體的分割，村地域團體的獨立化，以及女子村落的建設等，都不外是承繼卯勒的意思罷了。

恩格斯著的：『家族，私有財產，及國家的起源，』于一八八四年發行第一版時，他還是祖述卯勒的地域團體概念。其後，讀了俄國經濟學者科瓦勒夠斯基（M. Kavalevsky 他是馬克斯的親友）所著：『家族，及私有財產的起源和進化表，』（一八九〇年在斯德哥爾摩（Stockholm）出版，Lorenska Stiftelsen 出版的著作集，第二卷）受了他的影響，就漸次的丟開了卯勒的見解，而改變爲以下的見解。他說：『日耳曼的血族團體，最初不一定常住於村落地方，而各個父族制的家族團體，各自經營有住宅的耕地；其後，因人口增加，才漸次變爲村落團體。』一八九二年，恩格斯的上述著作第四版時，他的見解就變更如下：

『愷撒（Caesar）時代蘇維伯民族。不惟有共同所有權存在，並且有共同管理的共同耕作。無論何人，都不能否認的。但是，經濟的單位，是氏族呢？抑是家族團體呢？又或是介於這兩者間的共產親族團體呢？又或因土地關係如何，這三種團體同時並存呢？這就是長期間論爭的問題了。總之，科瓦勒勿斯基主張如次：「據塔西佗（Tacitps）所描寫民族的狀態，並不以地域團體或村落團體爲前提，乃是以家族團體爲前提，到了後來，家族團體，因人口增加的結果，才發生村落團體。」

據科瓦勒勿斯基說：羅馬時代，德意志人所占領的地域，和後來由羅馬人手裏所奪取的地域上，德意志人的定住地，並非由村落成立，乃是由各大家族團體成立的，這些大家族團體，包括多數世代，耕作相當的土地；又和隣人利用他們周圍的荒蕪地，作為公共的地域（Mark）。如是，那塔西佗所說的：「耕地的變更」一節，實際上，就有農學的意味了。即共同團體每年開墾他種土地，而把先前的耕地，放棄不顧，甚至完全使成荒蕪。所以，人口稀少的地方，荒廢土地，到處都有。故為土地而起的鬥爭，可謂絕無僅有。數世紀後，家族的構成員，非常增加，在當時生產條件之下，到了不能共同耕作時，就把家族構成員解散。一方，將從前共有的耕地和草地，依據有名的方法，分配於現在漸次構成的各個家族，——最初是一時的，後來就變了永久的；——他方，將森林，草地，及河川等，仍舊做爲共同的所有物。

這種發展過程，在俄國歷史上，能夠完全證明出來。在德意志及其他日耳曼系諸國，這種假定的大概，比較的可以把他的淵源說明出來。而且從前的困難，即將村落團體追溯到塔西佗時代的困難，也能夠容易解決，是不能否定的。」

據此看來，恩格斯已回到從前梅則爾的見解了。恩格斯雖然完全理解了梅則爾的見解，但他也非完全贊成科瓦勒勿斯基的。並且說有過細研究這問題之必要。

恩格斯對於定住問題，頗有懷疑之處，我們可於他的各種著作上看出。即恩格斯沒有詳細研究：十七世紀業已到了土地耕作狀態的北美印度人間遺留的定住形態，此後究是向何方發展？又，個別的說來，亞細亞遊牧部族和中央及南美文化較高的諸民族是從飼養家畜移於農耕經濟的。但他們的定住形態，又是如何呢？如果恩格斯充分研究了這些問題，那麼他當然會發見：這些民族，是因氏族的關係，而定住于村落和都市的區域；同時又因父族制家族團體的關係，而定住於孤立的村莊，而且最近親部族間，有許多相異的定住形態。因此，這些形態，第一就決定定住區域的性質；（即定住地是山地，抑是河岸的土地？又或是廣大的森林地？）第二，就決定經濟形態；（即是，從狩獵階段和漁撈階段，移入於農耕，抑是從牧羊階段發展的？）第三，就決定血族團體，（氏族）對於父族制大家族的法律關係。

一般的說來，那不飼養家畜，只以耕作土地（並且狩獵或漁撈）爲生活的部族，常定住爲村落狀態。這村落包含血族團體全部。我們往往發見：許多村落，是由血族團體結合而成的。但各團體都各有各的特別住址，和特別所有地。（所謂血族地域團體。）而且各有各的特別監督者，和酋長。例如，美國古時文明民族，就是這樣的。這文明民族裏面，決沒有和古代墨西哥的奇布察斯(Chibchas)人及印加祕魯人同樣的，這種遊牧文明。

西班牙人發見古代墨西哥人，定住於一大村落，且有許多氏族或血族團體，叫做『亞爾忒浦特』（Altepetl）的，這些村落，都屬於一種大村落，名『亞爾忒浦那克』（Altepenauac），或『亞爾忒浦特林克』(Altepetlianca)。但，這大村落中，各『卡爾帕里』(Colpulli)卽血族團體，)都有各的血族會長；(Calpixqui)在會長指揮之下，劃定行政區域。因此，全村地域團體，都有一定的分配地域，名『卡爾帕剌里』(卽血族地域。)恩格斯跟着科瓦勒勿斯基的見解，以爲：『卡爾帕里，』不外是一種家族團體。(見恩氏著：「家族，私有財產，及國家的起源，」第四六頁。)但這種見解，完全錯了。據墨西哥曆學者的報告，明明說：『卡爾帕里』就是"Meccayotl""Linaje"(血族)，或"Parantesco de Consanguinidad"(血族團體)，而不是"Centecpantin(家政民族)。

其次，居於祕魯海岸谷川的永卡斯，(Yunkas)，多半定住於大都市一般的定住地。這種定住地，是由許多障壁圍着的血族區所構成的，又包含許多家政民族所居的小 Adobenhäuser。「即家族團體，更正確的說，即宅（莊園）團體」。他們的耕地，都是定住地外部谷川的豐饒地方。各血族區，都於該處，有他自己特別的『相續地，』或血族地域（Geschlechts mark）。

復次，我們又發見：祕魯古代內部地方的大定住地，分爲血族團體的市區，名爲『康卡斯』（Canchas）。但，內部高原地方，是由幾個土地廣大的定住的獨立村所成立的。有時由一主村（Hauptdorf）和數從村（Nebendorf）或女子村（Filialdorf）等，就構成所謂地域團體。「Marcamasintin 即 Mark-genossenschaft 地域團體」在高山地方，以飼養驢馬爲主要生計，以農耕爲副業的民族，他們的定住地，大概在牧場上的高山地方。因此，各處都有散居的農場，這時候，各農場並不形成爲獨立的小地方共同團體，反和他種同樣的定住地結合；這種定住地，就是比農場或大或小的行政共同團體，及地方共同團體，或在地方監督者（Llajtacamajoch）指揮之下的"Llajtamasintin"。

我們在亞細亞的部族，或從亞細亞遷徙到歐羅巴的諸部族間，可以發見本質上不同的定住形態。這些部族，都是從遊牧經濟，轉變爲農耕經濟。他們定住於一定地方之後，那家畜飼養，就變了他們最重要的資料源泉。如果他們要注意飼養家畜，就必要這種定住的半遊牧民。尤其監督牧場，也要這種半遊牧民。又這種家畜經濟較之農耕或耕耘等，所需要的平原，不知道要大幾倍。因此，全部都要定住於一處，自是勢所難能。但是，如果要構成父族制的大家族，（對於血族團體而言），並且使這些家族團體，化爲獨立，那麼除了遊牧經濟以外，不能找出再好的經濟形態來。因爲，在亞細亞的遊牧民族中，血族團體全部很少做爲閉鎖的共同團體，而從一牧場遷移到他牧場的。這種情形，那廣大牧場的飼料，食盡之後，他們又須另找其他牧場。但在這荒郊曠野中，泉水和池塘的水，當然不能供給大批家畜飲水之用。因此，我們可以知道：父族制的家族團體，在冬季時節，本是宿泊一處。但他們還不是同時遊牧於一處，反在各集團的家長統一之下，各各向他方有名的牧場去遊牧。這種各集團分離遊牧的結果，就發生集團中家長的「自主權」。再則，父族制的大家族，不是養成獨立生活的狹小經濟共同狀態（團體），却是分散爲各個的集團，而這種分散，對於血族團體，更加重要。所以我們在以農耕爲基礎的地域團體的氏族團體，也可以發見以下的事實：父族制的大家族，（家族氏族），是氏族的小部分，執行血族和地域團體或村落的酋長的一切重要職務；他方，在遊牧諸部族中，家長（Pater fomilias）在自己集團內，完全執行自主權。因此，集團和氏族的關係，非常弛緩。氏族完全不能如父族制大家族的重要。

觀以上所述，我們可以知道沒有脫離遊牧經濟階段的諸部族，不是跟着村落組織，而固定他們的生活居住；却是跟着父族制的氏族經濟而固定的。尤其俄國的斯拉夫部族（Slavs）是這樣的。斯拉夫族定住於俄國南部的時候，他們大概還是固着於遊牧經濟。農耕，不過是他們的副業。施肥于耕地，是第十五世紀以來的事。第十四世紀以前，如果那牧場和森林，不能滿足他們，他們就時常變更住所。此外，諸部族內，從前的結合，漸次弛緩：又因從拜占庭（

Byzantium or Byzanz）過聶伯（Dnieper）列波羅的海諸國的商業發展，以及其後的高盧（Gaul）人的侵入等，那結合就越發弛緩了。

因此，科瓦勒勿斯基和恩格斯，觀察日耳曼人和克勒特人的定住形態時，如果是根據南俄羅斯的斯拉夫族的定住形態，那麼，他們的結論，就和上述正相反對了。我們根據定住地的經濟形態和地質，可以發見歐羅巴同時有兩種定住方法。例如，在德意志平原地方，最初，日耳曼人的定住，——此處當然沒有觀察以後地域團體或僧院所計劃的，向附近地方的，植民，和新開墾，——完全是跟着所謂村落制度；他方，在阿爾卑斯（Alps）地方渾次律克（Hundsruck）與登發爾特（Odenwalb）及其他幾處山岳地方，就是跟着邸宅制度，而固定居住的。

第五章　地域團體，部族，及部族同盟

地域團體的發展過程——各種民族在一定情形之下必須服從部族結合體的決議，及遵守他的法律——地域團體的組織是部族組織的一小部分從部族進化卽是國家的成立——部族同盟——阿茲忒克人同盟（Aztekenbund）——阿茲忒克人同盟和易洛魁人同盟，克里克人（Creeks or Kreeks）同盟——永卡斯諸部族（Yunkastämme）和印加帝國

綜上所述，地域團體的發生過程，大概如下：在經濟文化的一定階段上，各部族是以血族團體（氏族）的形態，定住於新開地方；這種團體，把占領部族的領域，沒收一部，做爲他自己的特殊財產

（即血族地域），這就是地域團體的起源了。因此，在許多部族領域內部，除了被各血族團體占領的地域以外，我們還發見全部族的總財產，如森林，牧場，荒蕪地等；這些地方，都是還沒有分配的一般領地，部族領地，或民族領地。所以「地域」（Mark），不過是全部族領域中的一部領域罷了。

各民族在這種發展階段上，無論地域團體酋長（地域團體的監督者）的職能，怎樣形形色色，無論地域團體的自治權，怎樣廣大，他們在一定情形之下，必須服從部族結合體的決議，及遵守該團體的法律。例如，屬於同一部族的各個地域團體，決不許有互相戰鬥的行爲。如果兩地域團體間，發生糾紛，那麽他們必須服從部族的酋長們，地域團體的酋長們的總會，或由家長組織的部族集會的決議。又如，本部族和他部族戰爭時，他們有服從部族指揮者要求「參加戰爭！」的義務。又如，裁決重要訴訟事件，和確定刑罰，都不能單由地域團體的監督者和家長專斷的解決，須經過各部族會長或部族會議，才能解決的。

因此，地域團體的組織，就是部族組織的一小部分。國家的成立，是從部族進化，決非從地域團體和血族團體發展而來的。這種發展階段上，我們往往發見；許多親近部族，締結攻守同盟；或結合爲一種很強固的組織體，擁戴共同行政和軍司令長官的。（所謂同盟軍司令官）。北美印度人中，已有這種由部族團體結合成立的複合體。例如，歐羅巴人最初移住美國時，紐約地方易洛魁人的五部族，已結合爲一大聯合，即所謂「民族」的結合。到了一七一二年，塔斯卡洛剌（Tuscarora）部族，也已參加。克里克人，（Creeks or Kreeks）也組織了這種同盟。這「民族」，當初，也是由五部族構成的。其後，加入那拆茲(na;ches)一部，即成爲六部族的聯合體。以上兩種同盟，都不是強固的同盟組織。因爲，沒有設置管理同盟事務的常設行政官廳，或執行官廳，各部族都受各部族和血族酋長的指揮。例如，發生和近隣部族戰爭，或分割新土地事件，要求共同動作時，同盟會的首領，根據一部族的要求，可以招集共同會議，議決必要事項。遇有緊急事件，必須任命一人或數人軍司令官時，同盟會議，也有選任的權限。據易洛魁人的習慣，不許一人掌握全權，因此，常任命兩人以上的同盟軍司令官，以便互相牽制。

所謂阿玆忒同盟（Azetekenbund）包含騰諾赤提特蘭（Tenochtitlan

墨西哥）退斯庫科（Tezcuco or Texcoco）及忒拉科判（Tlacopan）等三部族。這同盟的組織，比前二者，更加進步。同盟的軍事最高指揮權，屬於騰諾赤提特蘭的酋長。他雖只有『忒拉托魁』（"Tlatoqni"）的稱號，（d.h. Sprecher, Verkünder von Verbum thaloa, sprechen）但他漸次獲得了西班牙人所謂『王』的稱號的權力。反之，在執行同盟內部的法律方面，那退斯庫科的酋長比較騰諾赤提特蘭的酋長，似乎有力些。騰諾赤提特蘭的酋長，和其他二部族的酋長，都不能夠世襲其地位。他們完全是選任的。大概是從死去的酋長的親族選出。因此，騰諾赤提特蘭以前所謂摩忒鳩作馬「王」二世，是他的前任亞虎依作忒爾（Ahuizotl）的子姪，再者，亞虎作忒爾，（Ahuizotl）是他的前任者替作西克（Tizocic）——替作西克雖有相續子，——的兄弟，或從兄弟。

阿茲忒同盟和易洛魁同盟及克里克同盟的區別，於上述「戰爭指導者組織」制度以外，還有一種特長。就是：王或酋長，招集兵士，依兵士對國家的功勞如何，給與一定的賞與；或依此表彰他們。又實施一種行政組織，以處理土地事務。行政官廳的長官，就是攻守的執行者，即法律執行者，大僧正，（神的支配者，）及武器的長官，（兵馬統帥者，）等等。

同樣，祕魯海岸地方，永卡斯（Yunkas）諸部族，也結成了一種攻守同盟；以後，又和印加（Inka）帝國，及居於二南古斯各（Cuzco）維爾卡馬優（Vilcamayu）河兩岸的卡拿斯（Kanas）康忒察斯（Kan schas）部族等，都是從印加部族的同盟發生的。其後，克佩阿斯（Khetschuäs）部族，也相繼加入。是爲第四部族同盟員。這些部族同盟，東征西剿的，擴大了他們的領域之後，印加部族，就獲得這同盟的指導地位，又保障了全征服地域的支配權。印加部族征服各地之後，把征服地，一齊併合，而成爲印加帝國。此後，不久即實施廣大的行政組織，這就是印加帝國的緣起。

第六章　日耳曼人的國家建設

部族會議，部族集合，及部族結合體——恩格斯在他的「家族，私有財產，及國家的起源」上面所發表的意見——國家的建設——德意志民族建設國家以前的發展過程——小日耳曼諸國家已於民族遷徙時代在征服的基礎上面發生建設的頭緒了——恩格斯所謂「國家建立於氏族制度廢墟上面的三種主要形態」——原始的國家建設任何地方都是以征服爲基礎。

愷撒（Caesar）和塔佗西（Tacitus）時代德意志部族，是否有上述的這種行政制度？我們不能斷定。但，這些部族已有特殊的部族會長；有從各血族團體（百人團體）的酋長構成的部族會議；而且許可自由民的一般集會；又多數部族，往往在酋長，「王」，或軍司令官指揮之下，結合爲某種部族結合體，即國民。團體等等現象，到毋庸疑義了。

恩格斯在他的「家族，私有財產，及國家的起源」上面，把這種發展過程，和軍士團體對於王權成立的重要等，說得很適當。（第一四七頁），他說：

「部族的同盟，是愷撒時代以來的現象。其中有幾個同盟，已擁戴了「王」的。軍司令官，總想做專制君主，有時也有達到目的的。其後這種僥倖的王位篡奪者，雖不是絕對的支配者，但他們這種行爲，漸漸地把民族制度打破了。那已經解放的奴隸，只處於從屬地位，不能歸於任何氏族所有；新任得寵之臣，則在新王羣轂之下，位高祿厚，勢盛名揚，司令官變爲大國的君主這種現象，征服羅馬之後，也是常常發生的。在佛郎克（Frank）人方面，凡屬王的奴隸和被解放者，初則服務於宮廷，繼則出任於國家，都是占重要的地位；並且他們有許多變成了新貴族的。

軍士團體制度，最易惹起王政的發生。我們知道：美洲印度人，除了氏族制度以外，還有一種私人團體，以身力而從事戰爭。這些私人團體，在德意志，老早已發爲常備的團體。有名的軍司令官，大概招集許多掠奪欲望勃勃的青年，做他的爪牙。他對於他們，當然負有維持的義務；而他們對於他，也有恪守個人的忠實服從。所以軍司令官，教育他們；賞贈他們；又把他們編成隊伍，區分階級。過小戰鬥時，就用護衛軍和有戰鬥準備的部隊。大戰時，就用熟練的將校團體。但這些軍士團體，恐怕沒有什麼多大的戰鬥力。例如，以後在意大利的鄂多瓦〔（Odoacer or Odovakar or Ottokar, 赫留來（Hernli）魯吉愛（Rugii）及其他諸民族的會長，（434—493）——譯者註。）〕統率之下，軍士沒有什麼力量，這是顯而易見的。但是，軍士團體，早已釀成古代民族自由的崩壞先光。這是在民族遷徙時代及其後的期間中，所表現的事實。因為：第一，這種軍士團體，促進王權的出現；第二，塔西佗曾說：維持這些團體，專恃乎不斷的戰爭，和掠奪的遠征。掠奪是已變為他們團體的目的。軍司令官看見近隣沒有可以掠奪的地方，他就統帥軍士，到那些有戰爭和有勝利品希望的地方去。德意志援軍，在羅馬旗幟之下，大舉侵入德意志，也是因爲援軍的一部分，是由這種軍事團體構成的。德意志人的不名譽，就是在這種萬惡的傭兵制度（Landsknechtswesen）之下，種下了惡根。羅馬帝國征服後，這些君王的兵士，和不自由的羅馬宮廷使臣，同時構成後世貴族的第二主要部分。」

據恩格斯的見解：紀元第二三世紀，德意志的部族制度，就是這樣的發生出來了。這種制度，是『氏族制度能夠一般發展的』，最完全的統治組織。這種制度，更進一步，就是國家的建設了。日耳曼人怎樣發展這種制度呢？他們於民族遷徙時期之後，最初就侵入羅馬人所有的歐羅巴領地，並征服該地的住民；其後，因爲要支配這些住民，就想出國家的行政制度。恩格斯的上述著作中，又說：

「德意志的野蠻人雖把羅馬人從他本國解放了，但他們却把羅馬人的全領土，奪取了三分之二，聽他們自己互相分配了。他們分配領土，是依氏族制度而實行的。征服者爲數較少，因此，極大的地域，仍然是沒有分配存留着；一部屬於全民族；又一部屬於各部族和氏族。在各氏族方面，耕地和草地的分配，都是照着各家族，以抽籤方法，平等分配。那時候，是否以同樣的方法，反覆分配，我們雖不知道，總之，羅馬各州，不久就廢了這種方法，而各個分配地，就變了能够讓渡的私有財盧。森林和牧場，還是沒有分配，供給公共利用。這利用和分配各人的耕地的耕作方法，都是依古來的習慣，和全體決議而規定的。氏族居於那村落的期間越長，德意志人和羅馬人的融合程度越密，那同盟的親族性質，更容易消滅，而地域的性質，就越發濃厚。氏族雖然消滅於地域團體之中，但地域團體，往往有發源於親族關係的痕跡。因此，氏族制度，在有地域團體的各國，——北部法國，英國，德意志，及斯干的那維亞（Scandinavia）諸國，——不知不覺的，變了地域的統治組織。同時，又有適應於國家的能力。但是，氏族制度，還有保留他自然發生的民主的性質，——這性質，是氏族制度全體的特色；——縱以後氏族制度，有不可避免的衰頹運命，還是可以保留這種性質。

氏族的血族聯絡，不久就消滅了。部族和民族全體的機關，也是因征服變化的結果而消滅的。我們知道：如果要用氏族制度來支配被征服者，那是不可能的。例如，德意志民族，征服了羅馬諸州，做了羅馬的支配者以後，就必須要用某種組織，來統治他們。他們雖然可以強制羅馬人民，加入氏族團體，但不能用氏族制度，去支配他們。最初，德意志人，就必須在繼續進行的羅馬地方行政團體上面，建設某種制度，以代理羅馬本來的國家制度。這就是他種國家了。因此，氏族制度的機關，就必須轉變爲國家機關。這種變更，因時勢的要求，很急速的實行了。但軍司令官是征服國民最初的代表者，要鎮攝征服地方，就必須鞏固軍司令官的實力。於是軍閥即王位的時代，就到來了，接着就實行了。」

據上述看來，民族遷徙時代，小日耳曼人的諸國家，都是發生於征服的領地之上。但是，這種國家的發生理論，和恩格斯在他處所論的國家起源，是不相矛盾的。——他在他的上述著作第一一八頁上，說明部族制度內，分裂爲種種階級之後，如果沒有內部或外部的干涉，國家即由此而發生。但日耳曼人的新國家，不用說是征服的國家。這種事實，恩格斯也不得不承認的。但他不因此而放棄他的國家起源理論。反在該書第一七七頁上，說明：「國家建立於氏族制度廢墟上面的三種主要形態」。第一種形態，他叫他爲古典的，古代雅典，業已實現了；據他的意見，雅典地方的國家，是從階級對立直接所發生的；第二種形態，卽在羅馬實現了；羅馬地方，有三種舊部族，對於被征服的各部族，完全是支配的貴族；第三種形態的代表，就是依民族遷徙，而建設的日耳曼諸國。據我個人的觀察，實際上，各種形態，都沒有這種區別。任何地方，原始的國家建設，都是以征服爲基礎的。據古昔歷史家說：雅典成立，最初也是從一優勢的部族或數部族，征服他部族而起的。羅馬的歷史，也詳細的證明了這種事實。卽羅馬是從一部族同盟，征服他們隣近部族而起的；而且同盟的三個部族，對於被征服者，就是優越階級，就是貴族，這是我們在這種新起源的國家，往往發見的現象。因此，在新國家中，大概是勝利的部族，占支配的地位。

一七，九，十三，脫稿

附錄

附錄

恩格斯原著「地域團體」(Mark)

「地域團體」原文爲(Mark)，本是古代農業的共產狀態，因爲沒有適當的譯法，就音譯爲瑪爾克也是可以的。

德意志的人民，多半從事於農業生活，所以社會主義勞動者和農民，必須知道現在的土地所有權，是怎樣發生的？又必須把現代日傭工人的貧窮，及小農的債權奴隸狀態，和一切自由民古時的財產總額，——那時候的財產總額，完全是「祖地」，並且是能够相續的自由總額，——互相對照，而加以考察。因此，我暫把德意志原始時代土地制度的歷史，簡單的敍述一番。原始時代的土地制度。一直到如今，還有痕跡存留；中世紀時代，該土地制度，不但是一切官制的基礎或模範，並且影響德意志，北部法國，英國，和斯干的那維亞（Scandinavia）的公的生活。但是，這種現象，誰人都沒有注意；因此到最近，卯勒（G. L. Maurer）才把這制度的眞正意義，重新闡明出來。

親族關係和土地共有關係，是兩種自然發生的事實。這種關係，差不多是一切民族原始歷史的泉源，和民族組織的根基。德意志人的歷史，也是這樣的。羅馬時代的軍隊，是依着順序，擁立親近者而編制的；同樣，德意志採用亞細亞的軍隊編制，則係依着部族氏族，血族而編制的。這種編制，又流行於萊因（Rhein）河東和多瑙（Donau）河北新領土各地方。各部族，根據部族構成員的血族親近者關係，定住於新住所，這是愷撒（Caesar）已明白指示的，並非突如其來或偶然的現象。一定的區域，大概歸於大近親團體所有。其中，包含了很多家族的血族團體，也是結成村落，定住此間；更結合許多隣近的村落，而成一個百人團體；（Althochdeutsch huntari, altnordisch heradh）這些百人團體，又互相集合，而成爲一州（Gau）；一州的全體，就是民族了。沒有被村落侵占的土地，則歸百人團體自由處分；百人團體沒有處分的土地，又歸州的自由處分；如果還有未處分的，——多半是很廣大的地域，——那麽就是全民族的直接所有物了。瑞典地方各團體，都是各有各的共有地；例如，各村有各村的共有地，（bys almänningar），各百人團體有團的共有地；同樣，州或郡（Landschaft），也有州郡的共有地；最後，又有全民族代表者「王」所要求的民族共有地。(konungs almaennigar)。以上一切共有地，總括起來，通稱爲「共同土地」。(almaennigar, Allmenden, Cemein laendereien——共同領地)。

古昔瑞典的這種共同土地所有制度，——他的詳細分類，是後來才有的，——曾傳到德意志，但不久就消滅了。各村落本占有極廣大的地域，這就是「地域」(Mark 瑪克)。後來因人口驟然增加，故而就在該地域上，建設了幾個「女兒村」。這些「女兒村」和「母村」，就構成同一資格或資格較低的單一「地域團體」(Mark gencssenschaft)。我們如果研究歷史，就會發見德意志到處都有多少村落，結合而成的一種地域團體。最初，這結合團體之上，還有百人團體，或州郡團體等這樣的大地域團體；最後，全民族或因要管理民族直接所有地，或因想監督他屬下的地域團體，就構成單一的大地域團體。

佛郎克（Frank）王國沒有征服德意志東萊因地方以前，德意志的地域團體，還是以州郡爲中心。因爲州郡包含本來的地域團體。古代大地域團體王國內，一有公共的事件發生，那州郡總是有裁判管轄權的。到了後來，古代的大地域團體，雖然漸次衰落，但十三四世紀的憲法中，還是規定：一地域團體，至少可以包含六至十二個村落。

在愷撒時代，德意志人民的大部分，即還沒有土著的穌匯維（Sueven）民族，都是耕作共同田地。那些包含少數近親家族的血族團體，每年交換他們的共同耕作土地。土地的生產物，就在家族之間，平等分配。這種現象，即在這他種民族間，也是一樣的。紀元後，穌匯維固着於一定新住所之後，這種共同耕作，就消滅了。在塔西佗（Tacitus）時代，（愷撒後百五十年），不過是各個家族，都從事耕作土地，每年分與一定新耕地，使交換耕作罷了。

這種耕地交換的方法，我們今日還可以在摩塞耳（Moselle）河畔或在莊園地（Gehöferschaft）（註）的喬木森林中，看得出來。但他們的交換，並不是一年一次，是每三年，六年，九年，或十二年，把全部耕地，如田地和草地，總括一處，根據耕地的位置和地質，劃分爲若干「小地區」，（GeW anne）各「小地區」，又照着地域團體所有的權利數目，平均劃分爲細長區域，然後用抽籤方法，分配於各權利者間。因此，地域團體的各構成員，無論從位置或從地質，原則上都有同樣大小的土地。到了如今，這種分配，因相續和買賣的關係，就變了大小不齊的區域。但從前的完全分配，到如今還是決定二分之一，四分之一，八分之一等等分配的單位。不耕作的土地，如森林和荒地等，就做爲共同利益的共有地。

（註）Gehoeferschaft 是莊園的莊民，共同分割的耕地。——譯者。

拜厄（Bayer），萊因沿岸的王領地中，所謂「抽籤分割地」，（Losgneter）就是上述制度，遺留到十九世紀初期的實例。此後，那些耕地，漸漸的變了各構成員的私有財產；各構成員又發見與其交換莊園地的一時占有而耕種，不若直把莊園地轉變爲私有財產，較有利益；因此，最近四十年間，莊園地多半都漸次消滅，而轉變爲普通的村落。這普通的村落，是由共同利用的森林和荒地的小農所構成的。

最初，變爲個人私有財產的土地，就是住宅地。住所，是一切人格自由的基礎。因此，住所的不可侵性，就從移住者的貨車，移於土著農民的茅屋。其後，漸次變爲家屋，廳堂的完全所有權了。在塔西佗時代，已經有了這種現象。自由德意志人的住宅地，那時候，已被地域團體除外；因此，地域團體的辦事人，也很難進去。其後，地域團體制度中，及第五世紀到第八世紀的國民法（Volks-recht）中，都已規定：德意志人的住宅地，一部分是逃亡者的安全避難所；因爲住所的神聖，不是住所轉變爲私有財產的結果，乃是住所轉變爲私有財產的原因。

塔西佗時代後四五世紀，國民法中，雖沒規定各農民可以無條件的自由占領土地，——他們本來有自由賣却，或讓給土地於他人的權利，——但也認可了耕地的相續。這種變遷，有兩種主要原因：

第一，德意志最初，就有兩種村落：一種是密切結合的村落，有完全的共同耕地；又一種村落，不唯住宅地不是共有，即田地也不是共有，把這些住宅耕地，依世襲的習慣，而分配於農民間。但後者是地形所致的原因。例如，在比利時的溪谷，威斯特發里亞（Westphalia）沼澤間，細長扁平的高峯上面，又或在奧登發爾特（Odenwald）和阿爾卑斯山（Alps）一切溪谷中的耕地，是不能共同耕作的。這種地方，現在還有由散在各處的農家，——這農家，周圍都屬於自己的田地，——所構成的村落。這種地方，是不能交換耕作的。其周圍不能耕作的土地，即屬於地域團體。等到家屋和邸宅能夠自由讓給第三者的權利，占了重要位置時，這種家屋和邸宅的所有者，就很可以得利益。於是，上述第一種村落，即有共同耕地的村落，就要求利益的平等分配起來。因此，從前土地的分配方法，逐漸消滅，而各構成員，就能夠繼承和讓與他們的所有地了。

第二，但是，德意志征服羅馬後，羅馬從前固有的土地私有權，且是羅馬式的絕對私有權，也沒有被德意志少數征服者，把那根基穩固的所有形態，完全廢除。耕地共有的痕跡，直到我們的時代，還殘存於萊因河左岸。後來因征服的結果，才消滅了。但那時候，已經完全變爲德意志式的地方，還發見了這種土地的共有。因此，我們更明白了從前羅馬領土上，田地草地的世襲私有，和羅馬法的關係。佛郎克人第五世紀移住此地的時候，他們當然還是在耕地共同狀態。否則我們到今日，不能發見莊園地和抽籤的分割地了。但此地也忽然就發生了土地私有制度。第六世紀，利巴利（Lipari）的國民法，關於耕地的規定，只述及私有的部分，就是一個證據。又中部德意志的耕地，也不久就變爲私有，前已說過了。

德意志的征服者，雖認容了田地和草地的私有，換句話說：他們在最初土地分配當時，或分配之後，再不想重新分配，（因爲這樣的分配，就已滿足了。）但是，在他方面，他們又到處宣傳德意志的地域團體制度。該制度規地定：地域團體的支配權，可以實現於森林和荒地的共有，及已經分配的土地。這種制度，不但是法國北部的佛郎克人英國的盎格羅薩克森人實行採用，即法國東部的勃艮第（Burgundy）人，法國南部的西哥德人，（Goths）和意大利的西班牙人，東哥德人，倫哥巴人，（Lonzobardi）也實行採用了。在前述各國的高山上，如今還有地域團體的痕跡，誰人也知道的。

德意志人沒有把耕地重新分配；因此，我們不唯在第五至第八世紀，各國民法中，發見地域團體制度的痕跡，即中世紀英國，斯干的那維亞的法典，第十三世紀至第十七世紀無數的德意志地域團體規則，（或慣例），以及法國北部的習慣法中，也發見該制度的形態。

地域團體，有時放棄再分配田地和草地，給他的構成員間的權利。但他對於土地的其他一切權利，並沒有絲毫放棄。且認爲是很重要的。地域團體分給原野與各構成員的目的，全在利用他們耕種田地和草地。如果各土地所有者，出乎這目的之外，而使用土地，他就不能享有任何權利了。因此，縱然他發見了地中的寶物，那寶物並不屬於他，而屬於地域團體，採鑛權也是屬於地域團體的。後來，地主雖然有採鑛權，但這不過是盜了地域團體的權利，作爲自己的罷了。

田地和草地的用益，因地域團體不同，而有監督和規則的差異。例如，在施行三圃農法的地方，把村落耕地全部，分爲三塊大小一樣的耕地。這三塊耕地，交互輪流，規定第一年耕種冬　物，第二年耕種夏作物，第三年休耕。因此，一村落中，每年有冬作物地，夏作物地，和休耕地。土地分配的時候，各構成員都有分得這三塊耕地的權利。因此，誰也不受損失。到了冬作物播種的時候，就有人注意他自己冬作物的耕作。這種風習，很適合於地域團體的強制農耕制度。

休耕地在休耕期地，即是地域團體的共有，做爲全體的牧場。其他二耕地，收穫完了後，在未播種期間，仍歸共有，做爲共同牧場。草地也是同樣。乾草收穫之後，草地亦歸共有。從前用做牧場的耕地，占有者必須把欄柵撤去以便牧場的公共利用。又牧場的規定不許各個人單獨去播種和收穫，須依地域團體或依習慣去確定那播種及收穫的時期。

其他各種土地，例如家屋，邸宅，或沒有分配給村落的土地等，和原始時代同樣，都是做爲共同使用的共有地。這種土地很多，如森林，牧場，荒地，濕地，小川，沼，海，道路，狩獵區，漁場等等，都屬此類。共同團體各構成員間，所分配的耕地，既是同一面積，那麼，他們在『共同地域』的分配，也是一樣了。這些土地的使用方法，是取決於構成員全體的意思。又從前的耕地，因人口增加，早已不足—；而開墾共同地域一部分，他們對於新開墾地的分配方法，也當然和從前一樣。共同地域的主要的使用方法，就是牧畜獸類，或把橡實喂豚。此外，森林就供給木材，燃料，枯葉，漿果，菌等類；沼池就供給泥，炭，等，諸如此類，不可勝數。關於利用牧場和木材的規定，散見於數世紀的地域團體慣例法中。這些慣例法，本來是不文法，不能保存的。其後，因效力上的關係，就把他寫下保存了。這裏面規定的，大半是牧場和木材等的主要利用方法。到如今還存續着的共同森林，就是古代沒有分配的地域的痕跡。其他的痕跡，（至少在德意志西部及北部地方，）就是在德國民族意識上根深蒂固的「森林共有」觀念。例如，任何人都以為：只要不破壞森林的本質，凡屬森林中的花果，漿果，菌子，山毛櫸，的實，……等類都是可以採取的。自從俾斯麥創設了那有名的「漿果法」之後，西部地方的森林，就歸了從前普魯士的貴族手中了。

地域團體的各構成員，對於土地的分配和用益權有同一的權利。所以他們對於地域團體的立法，司法，行政三者，也有同等的權利。他們在一定時期，或必要時期，往往集合野外，決議地域團體的事務，或審判地域團體的科刑和爭訟。這就是大地域團體議會；也就是原始時代德意志國民議會的萌芽。非到那極重要的時候，決不制定法律，任命官吏，管理職務，執行或判決案件。所有決議，須經出席的全體構成員通過，議長不過整理議事的案件罷了。

原始時代地域團體的統治組織，是沒有擁戴君王的德意志諸部族的唯一統治制度。古代部族中的貴族，——他們在民族遷徙時或遷徙後，立刻就滅消了的，——和這種制度，一齊發生的一切東西，都很容易影響於地域團體組織，正和克勒特族（Kelts）侵入愛爾蘭的土地共有狀態裏面的一樣。地域制度，已深印於德意志人的生活中。因此，德意志民族發達史上，常發見他的痕跡。原始時代，平時的一切公權力，都屬於裁判官；這公權力，就是根據百人團體，州，郡，全民族等的民族集合而發生的。但民族裁判所，不單只處理地域團體的事務，並且處理屬於公權力範圍的事務。州郡組織完成之後，國家的州郡裁判所，就和普通地域團體裁判所分離了。這時候，兩裁判所裁判官的權力，還是以民意爲基礎。到了後來，從前的民族自由，極端衰落，裁判義務和兵役義務，都課於貧民（自由貧民）身上，貧民因以不堪；卡爾（Karl）大帝，有見於此，才於多數地方州郡裁判所中，把陪審裁判，來代替民族裁判所，（註）。但是，這陪審裁判所和地域團體裁判所，完全沒有什麼關係。陪審裁判所，到做了中世紀領主裁判廷的模範。中世紀領主裁判所內，封建領主，提出議題；而作成判決的，就是封建領民本身了。

（註）此處所說的陪審裁判所，切不可和俾斯麥，雷溫哈特（Leonhard）的陪審裁判所混同。後者是陪審官和法律家共同判決。反之，古代陪審裁判所內，沒有一個法律家，裁判長，或裁判官，沒有一票的票決權，完全由陪審官獨立的判決。

村落制度，不過是獨立村地域團體的地域制度。村落變了由濠溝或牆壁等包圍的都市之後，村落制度，也跟着的變爲都市制度了。從這種原始都市制度，就發生了後世一切都市制度。最後，中世無數的自由團體，（Genossenschaft），尤其自由同業組合（Zunft）制度，雖不以共同土地所有爲基礎，但也是效法地域團體制度而結合的。同業組合，和普通的地域團體一樣，也有一定業務的專業權。

再則，同業組合間，對於共同用益源泉各組的分配，也和地域團體同樣，把共同土地，分配於構成員間；並且是熱心的，以同樣方法，務期分配平均。

地域團體制度的適應能力極大。因此，不但能應用於地域團體公共的生活範圍內的種種要求，又能應用於農業發展進行中，對於大土地所有權的鬥爭。地域團體制度，是德意志人卜居於日耳曼之後才發生的。那時候，牧畜是主要的生活手段。從亞細亞輸入，大半閑却了的農業，再行發生了。因此，又發生了這種地域團體制度。這制度和那地主貴族，終中世紀期間，都不斷的實行困難鬥爭，維持他的生存與發展。但這制度是很重要的。因此，凡貴族所有的農民土地的地方，都殘存着奴隸村落制度。（雖然這制度是因地主的干涉，失去原有的地域制度。）關於此點，有一實例，在後說明。這種制度，當共同地域還存在的時候，可以適應於種種耕地占有關係。同樣，共同地域失了自由後，則可以適應於種種共同地域的所有權。最後，這種制度，在貴族，僧侶等掠奪了農民土地——不問已分配的，或未分配的，——的時候，就消滅了。但是，前世紀農業經濟上，有了偉大的進步，農業變了科學的，而且發見了許多新經營方法之後，那地域團體制度，在經濟上，已變成廢物，不過是一種耕作的經營形態罷了。

民族遷徙之後，地域團體制度，才崩壞起來。佛郎克諸王，以國民代表的資格，把全國民所有的巨大土地，尤其森林，贈給大宮人，地主，僧正，住村，等人。因此，就造成後來貴族和教會的大土地所有的基礎。尤其後者，在卡爾大帝以前，已經占有法國土地全部的三分之一。中世紀，這種土地關係，所以極適合於全加特力教的西歐羅巴，就是這個原因。

內憂外患，疊次相尋的結果，土地上就有種種絕大的變動，如沒收，併吞等類。因此，大多數的農民，都衰頹不堪。在墨羅温格(Merwinger)時代，已有很多失去了土地的自由民。卡爾大帝時代，戰爭不熄，使自由農民的土地，悉歸烏有。自由土地所有者，本來就有勞役的義務。他不唯須準備爲自己勞動，並且須服務軍隊六月。實際上，在卡爾大帝時代，一人非加五倍勞動不可。卡爾之後，在荒廢的農業之下，農民的自由，只有一天一天的減少。一方，諾爾曼(Norman)人的遠征，——起於國王的好戰和野心，——使農村更加頹廢。因此，自由農民，不得不找尋保護者。他方，偉人和教會的支配欲望，（所有欲望），又促進了這種過程。他們又用奸計，約束，脅迫，暴力，等，誘引大多數農民，和農民的土地，陷入於他們支配之下。因此，農民的土地，就漸漸的變爲莊園，而農民反納付重價地租，或爲地主勞動，才能使用莊園土地。農民本來是自由的地主；到現在反要納付地租，或爲地主勞動的莊民，或奴隸了。在西佛郎克王國或萊因河西部地方，這種現象，是「司空見慣」的。至於萊因東部地方，雖有多數自由農民，但多半是散在各處，很少聚居爲自由村的。第十二世紀，此處也受貴族和教會權力的影響，農民多有變爲奴隸的。

精神的或俗世的貴族地主，（即僧侶和一般地主，）既獲得農民領域之後，同時又獲得屬於農民領域的地域團體上的權利。新地主等，因此就變成地域團體的構成員。而且原則上地域團體內部，他們和其他自由構成員，奴隸構成員，以及自己的奴隸等，都是享有同等權利的。不管農民怎樣強硬的反抗，他們還在很多地方獲得了地域團體中的特權，有時簡直那地域團體本身，都必須服從他們的土地支配權。所以古代的地域團體，好像是在貴族保護監督之下存留着的。

那時候，勃蘭登堡（Brandenburg）地方，佛里斯蘭（Friesland）人尼德蘭（Nederlanden）人薩克森（Sachsen）人萊因佛郎克（Reinfrank）人等的移民，和信地雅（Sindia）的植民，概是證明地域團體制度，無論在農業上，或在大土地所有上，都是絕對的必要。十二世紀以來，一般人跟着德意志法律，卽從前存續於莊園的地域團體的法律，組成村落團體，而移住於莊園各人都照着從前的抽籤分配方法，分得一定的村落耕地，和森林荒地（大概是地主的森林，有時又是特別地域）的用益權。又有同一大小的家屋和第宅。這些東西，都是可以相續的。土地所有權，變了地主的權利；但植民者使地主世襲的，負担一定的地租和勞役。這種分配，比較適當。因此，此處的農民，比德意志國內任何地方的農民，都要富裕些。所以他們在農民戰爭勃發之際，是能够維持鎭靜。他們對於他們自己的事業，尚且冷淡，何况其他？

到了第十三世紀中葉，農民運動，各處都發生起來。十字軍就是運動的先驅。許多強暴的地主，都公然解放他們的農民；其他地主貴族，或死亡，或消滅，因此他們的農民，都恢復自由了。地主的需要(欲望)增加後，他們管理農民，就不注重農民的人格，而注重農民的獻納了。中世紀初期的奴隸狀態，和從前的奴隸狀態，相差不遠；到這時候，那奴隸狀態都漸漸地消滅起來。奴隸狀態，既漸次消滅，那農奴的地位，也漸漸地和莊民的相差不遠了。農業經營方法，在這時候，還是沒有進步。因此，如果地主要想增加他的收入，那就非開墾新地，或建設新村不可。若欲開墾或建設新地，必須和植民者，——無論其爲外國人，或莊民，——好意的妥協，才能達到目的。因此許多地方，尤其是僧侶支配之下的地方，農民的待遇改良，比前更加進步。嗣後，那已經提高了的植民者的地位，不久又回復到和鄰近莊民同一狀態。但在北德意志地方，他們因繼續的獻納一定物品於地主，才維持了他們的人格自由。只有斯拉夫（Slawe）和立陶瓦普魯士（Lithuania—Preussen）地方的農民，現在雖沒有解放他的奴隸狀態，但也不是永久不變化的。

第十四，五世紀，都市的勃興，和富裕的增加，有一日千里之勢。尤其在南德意志和萊因河畔，美術和奢侈，極盛一時。農村貴族，（地主），本來是粗食惡衣，毫無嗜好的；但一見了都市貴族的驕奢淫佚，揮金如土的文化生活，也不免動搖起來。然而，這種良好生活，要怎樣才能得到呢？掠奪行爲，到現在愈加危險，而且所掠奪的東西，實在有限得很。若是購買，又要現錢。而能夠賺錢的，又只有農民。所以他們就拚命的壓迫農民搾取農民起來。搾取方法如下：就是加重地租，增加賦役，又極力的使自由農民變爲莊民，使莊民變爲奴隸。又使共同地域團體的農地，變爲莊園。加之，羅馬法學者，又援助地主和貴族。詳細的說：羅馬法學者，把羅馬法的法律原則，自後適用於德意志國內許多不可解的關係上後，遂釀成無限的糾紛。而且釀成常常利於地主，而不利於農民的糾紛。宗教家也只知道揑造些縮小農民權利，增加農民負担的文書，替地主幫忙。農民對於地主，貴族，和僧侶的掠奪，往往暴動反抗。因此，一五二五年的農民戰爭，（Bauernkrieg）就從拜厄（Bayern），佛郎葵（Franken），擴大到亞爾薩斯（Elsa s）萊因州（Rherngan）及杜平根（Tubingen）等地。頑固的鬥爭之後，農民才服從了。自此以後，德意志農民，不得已乃屈伏於新支配狀態之下。在農民戰爭勃發的地方，那些殘存的農民權利，都被蹂躪殆盡；農民的共有地，變爲莊園地；而農民本身，就變爲農奴。即如南德意志的農民，雖地位較高，但也因爲優柔寡斷，缺少奮鬥精神，就一天一天的受地主壓迫，而沈淪到農奴的地步了。概觀德意志農民的奴隸歷史，就知道：十六世紀中葉以後，東普魯士逢麥綸(Pommern)勃蘭登堡西利西亞(Silesia)等地的農民，變了農奴；十六世紀以來，什列斯威(Schleswig)好斯敦(Holstein)等地的農民，變了農奴。此後，這種狀態漸次普及於全國。

加之，這種新壓迫，有一種經濟的基礎。德意志諸侯，因改革時代的鬥爭，反將他們的權力增大了。貴族的高尙掠奪事業，已告結束。如果貴族想維持自己，不使零落與平民爲伍，那麼他就必須從他所有的土地上，謀獲巨大的收入。他若果欲謀獲巨大的收入，就必須學大地主的方法，尤其僧院的方法，把土地的一部，依他自己的方法，去經營播種。這種事情在從前是例外的，到如今，就是必要的了。但這種新經營方法，無論在何處反變了借給土地於耕戶的障礙。自由耕戶或奴隸耕戶，都完全變爲農奴的時候，地主們可以自由雇用農奴。農民一部分或被地主放逐，或零落爲貧家小戶，甚至變爲連茅屋都沒有的貧農了。他們的農場，多半爲大地主的農場所合併。但這些合併後的農場，又必須用這貧苦農民和其餘的農民，共同耕作，以代賦役。許多農民，不但被地主趕走，就算了事，他還須替地主，無報酬的服務耕種。這種義務，只有增加，並沒有減少。在資本主義時代，農村經營大規模的農業，大概是以徵發農奴服務爲基礎。這種制度的變遷，起初比較緩慢。然不久又發生了三十年戰役。這三十年間，德意志各地，幾無一處不遭那紀律全無的兵隊的蹂躪。什麼強佔哪，掠奪哪，燒燬哪，強姦哪，殺戮哪，……遍地皆是。所謂小義勇團，寧可說是離開了大軍的海賊，藉他們的腕力計畫，到處殺人放火。被害者多半是農民。因此，平和克復後的德意志，已被蹂躪得體無完膚。而被害最多，損失最大的，還是農民！

現在土地所有的貴族，就是農村的唯一主人翁。各諸侯在各宗族會議席上，極力削減貴族的政治權力，而與農民以自由。但其後農民的反抗力，因戰爭的結果，又被破壞了。因此，貴族就利用一切土地關係，加以適當的施設，回復他的經濟狀態。當時被放逐的農民，他的農場，即歸地主合併。但這些放逐的農民，現已漸次實行大規模的組織了。貴族的農場越大，那農民的賦役越多。因此，那「賦役無制限」的時代，又從新再現出來。如果地主看中了農民和他的家族，又或他的家畜，儘可自由的利用，毫無躊躇。到了現在，農民變爲農奴，差不多是一般的狀態，而自由農民，反寥若晨星了。至於地主方面，只要農民稍有反抗，立卽重懲不饒。並且士地諸侯，又把領主裁判權授與地主；因此，他不但裁判農民的小犯罪和爭訟，並可裁判農民和貴族間的爭訟。實際上，貴族又是裁判自己事件的法官！從此以後，都是那棒和鞭，支配農村了。現在全德意志已是沒落了；誰知德意志農民，也和她一樣的沒落！全德意志已是喪失了元氣；誰知德意志農民，也和她一樣的喪失了元氣！那麼，除了外部的救濟，恐怕再沒有別的辦法罷。

所謂外部的救濟，就是法國大革命。法國大革命，實是德意志和德意志農民的救星。革命軍征服了萊因左岸之後，從前農奴所貢獻地主老爺們的什麼賦役，地租，各種租稅等，和地主老爺的本身，都一齊的瓦解冰消了。萊因左岸的農民，如今又變爲土地的所有者，並且又擁護拿破崙的法典。（Cade civil）該法典是拿破崙參照革命時代的情形的劣作。他們不但理解了這法典，又可藉此圖謀巨大利益，故而擁護了牠。

但是，萊因右岸的農民，還沒有達到解放時期。實際上，普魯士自從耶拿（Jena）敗北之後，（這是普魯士應得的）。幾條不名譽的貴族法律，都廢止了。在法律上，那解放農民的法律，是可能的。但經過了許久，還是紙上空文。其他諸州，更不消說。因此，如果要使巴登（Baden）及其他幾個與法國爲隣的諸州，着手解放農奴，那就必須促成一八三〇年的法國第二革命。但一八四八年，德意志的第三革命勃發時，普魯士的農民雖已解放，而拜厄地方的農民，還沒有看手解放，這是何等不幸的現象呢？！現因解放的結果，農民的賦役勞動，差不多完全失掉了價值。

但是，農民是怎樣解放的呢？如果地主要使農民捐納一定金額，或一塊土地，他就必須承認農民的土地是自由的無負担的所有權。但在實行這種制度的地方，原來屬於地主的土地全部，也是從農民搾取而來的。此外，委任處理土地的官吏，多半是照例的援助地主的。他們住在地主的家裏，吃，喝，嫖，賭，無所不至；因此，縱然有法律監督處理農村問題，但農民受騙的，還是十居八九。

幸而法蘭西革命三次，德意志革命一次，才得恢復農民的自由！但，今日的自由農民。那裏比得上從前的地域團體的自由農呢？今日自由農的農場，狹小到了極點；而且共同土地，也是有限。所謂共同土地，除了荒廢的森林以外，還有什麼呢？在小農方面既不能利用共同地域，當然不能飼養家畜。不能飼養家畜，就不能獲得肥料；不能獲得肥料，就不能以合理的方法，經營農業了。今日的農民，個個都知道有這種收稅官，和居於收稅吏之下作威作福的執行官。但從前的地域團體構成員，從不曉得有這種人員。他們又不知道什麼叫做抵押高利借金。這種高利借金，實有可以使農民家敗人亡的威力，科學的農業經濟，和新發見的農業機械等，把小農業經營壓倒之後，德國農業界，就劃了一個新紀元。這種新農業生產方法，把小農的農業經營壓倒，正和機械紡績，壓倒手車紡織的一樣。於是，那大土地所有，就隨時勢的變遷，漸漸地代了小土地所有的位置。

這是什麼緣故呢？因爲美國是優秀的競爭者者，牠的大量的穀物生產，已漸漸地壓迫全歐洲的農業了。德意志的小農和大地主，都是債台高築，東扯西拉的，而欲和那富於自然條件的，且一年間常增加肥料的土地相競爭，當然不能佔勝利的。全歐羅巴的農業經營方法，已被美國的競爭壓倒了。歐羅巴的農業，除了依社會的經營方法，社會的計算，川實行競爭外是別無辦法的。

以上是德國農民的大略情形，所幸自由農民階級，雖然比前衰落，但他們又再行組織了。這是差強人意的一種好現象。農民一旦了解「怎樣的做去？」之後，他們馬上就和他們的同盟者——勞動階級——提攜，而獲得自己打救自己的地位。

十七，九，三日，脫稿。